A TARTARUGA DESCONTENTE

FREDDY GALAN

FTD

A tartaruga andava triste, triste. Com seu casco pesado não conseguia correr nem pular como os outros bichos.

Um dia ela teve uma idéia.

"Vou falar com a dona Coruja. Só ela pode me ajudar a resolver o problema."

— Dona Coruja, quero me livrar deste casco. Ele só me atrapalha!

— Bem, se quer mesmo perder seu casco, tome um gole desta bebida mágica. Mas saiba que você vai se arrepender...

— Não vou não, disse a tartaruga, feliz por ver o casco já se desprendendo do corpo. — Que bom! Tirou o casco e chutou-o para bem longe.

E uma vida nova começou para a tartaruguinha. Agora estava leve e era mais rápida do que qualquer outro animal da mata.

Mas não demorou muito e o inverno chegou. A tartaruga sentiu falta do calor do seu casco. As outras tartarugas, protegidas e quentinhas, zombavam dela.

Ela então decidiu procurar seu antigo casco pela floresta. Para sua sorte, finalmente ela conseguiu encontrar sua “casa”, que tanto havia desprezado.

— Viu, sua tola, disse a Coruja. Isso é pra você aprender a não desprezar nada do que foi dado pela natureza.

Seria muito bom se os homens também aprendessem essa lição e deixassem de destruir o que a natureza levou tanto tempo para construir...

Impresso nas oficinas da
EDITORA FTD SA
Avenida Antonio Bardella, 300
Fones: 6412-1905 e 6412-8099
07220-020 GUARULHOS (SP)